D1640491

FRENCH SHORT STORIES FOR BEGINNERS AND INTERMEDIATE LEARNERS

Engaging Short Stories to Learn
French and Build Your Vocabulary

1st Edition

LANGUAGE GURU

ISBN: 9781073754083

TABLE OF CONTENTS

INTRODUCTION

W e all know that immersion is the tried and true way to learn a foreign language. After all, it's how we got so good at our first language. The problem is that it's extremely difficult to recreate the same circumstances when we learn our second language. We come to rely so much on our native language for everything, and it's hard to make enough time to learn the second one.

We aren't surrounded by the foreign language in our home countries. More often than not, our families can't speak this new language we want to learn. And many of us have stressful jobs or classes to attend regularly. Immersion can seem like an impossibility.

What we can do, however, is gradually work our way up to immersion no matter where we are in the world. And the way we can do this is through extensive reading and listening. If you have ever taken a foreign language class, chances are you are familiar with intensive reading and listening. In intensive reading and listening, a small amount of text or a short audio recording is broken down line by line, and every new word is looked up in the dictionary.

Extensive reading and listening, on the other hand, is quite the opposite. You read a large number of pages or listen to hours and hours of the foreign language without worrying about understanding everything. You look up as few words as possible and try to get through material from start to finish as quickly as you can. If you ask the most successful language learners, it's not intensive reading and listening but extensive that delivers the best results. Volume is much more important than total comprehension and memorization.

In order to be able to read like this comfortably, you must practice reading in the foreign language for hours every single day. It takes a massive volume of text before your brain stops intensively reading and shifts into extensive reading.

This book hopes to provide a few short stories in French you can use to practice extensive reading. These stories were written for both beginner and intermediate students in mind, so they should be a little easier to digest compared to native French. While it's no substitute for the benefits of reading native French, we hope these stories help build confidence in your reading comprehension skills overall. They offer supplementary reading practice with a heavy focus on teaching vocabulary words.

Vocabulary is the number one barrier to entry to extensive reading. Without an active vocabulary base of 10,000 words or more, you'll be stuck constantly looking up words in the dictionary, which will be sure to slow down your reading. To speed up the rate at which you read, building and maintaining a vast vocabulary range is absolutely vital. This is why it's so important to invest as much time as possible into immersing yourself in native French every single day. This includes both reading and listening.

We hope you enjoy the book and find it useful in growing your French vocabulary and bringing you a few steps closer to extensive reading and fluency!

HOW TO USE THIS BOOK

To simulate extensive reading better, we recommend keeping things simple and using the short stories in the following manner. Read through each story just once and no more. Whenever you encounter a word you don't know, try to guess its meaning using the surrounding context. If its meaning is still unclear, check the vocabulary list at the end of the story. Alternatively, you could even start each story by taking a quick glance at the vocabulary list to familiarize yourself with any new words.

After completing the reading for each chapter, test your knowledge of the story by answering the comprehension questions. Check your answers using the answer key located at the end of the book.

Memorization of any kind is completely unnecessary. Attempting to push new information into your brain forcibly only serves to eat up your time and make it that much more frustrating when you can't recall it in the future. The actual language acquisition process occurs subconsciously, and any effort to memorize new vocabulary and grammar structures only stores this information in your short-term memory.

If you wish to review new information that you have learned from the short stories, there are several options that would be wiser. Spaced Repetition Systems (SRS) allow you to cut down on your review time by setting specific intervals in which you are tested on information in order to promote long-term memory storage. Anki and the Goldlist Method are two popular SRS choices that give you the ability to review whatever information you'd like from whatever material you'd like.

It's also recommended to read each story silently. While reading aloud can be somewhat beneficial for pronunciation and intonation, it's a practice aligned more with intensive reading. It will further slow down your reading pace and make it considerably more difficult for you to get into extensive reading. If you want to work on pronunciation and intonation, take the time to do it during SRS review time. Alternatively, you could also speak to a tutor in the foreign language to practice what you learned.

Trying to actively review everything you learn through these short stories will slow you down on your overall path to fluency. While there may be an assortment of things you want to practice and review, the best way to go about internalizing new vocabulary and grammar is to forget it! If it's that important, it will come up through more reading and listening to more French. Save the SRS and other review techniques for only a small selected sample of sentences you feel are the most important. Languages are more effectively acquired when we allow ourselves to read and listen to them naturally.

And with that, it is time to get started with our main character Louis and the eight stories about his life. Good luck, reader!

CHAPITRE UN : ALIMENTATION

Louis suivait un régime depuis quatre semaines consécutives, et il avait déjà perdu 5 kilogrammes. Son nouveau régime est très strict, mais il le suit consciencieusement.

Au petit-déjeuner, il mange un petit bol de flocons d'avoine préparés au micro-ondes avec de l'eau ou du lait. Il mange également une portion de fruit avec ses flocons d'avoine : une banane, des fraises ou une mangue. Et évidemment, son petit-déjeuner ne pourrait pas être complet sans une tasse de café !

Pour le déjeuner, Louis opte pour un repas léger afin d'optimiser sa perte de poids, donc généralement, il mange une salade d'épinards. Dans sa salade, il ajoute des carottes, des oignons, des concombres, des haricots, des croûtons et des noix. Les sauces sont généralement très caloriques, il en ajoute donc une toute petite goutte. Si la salade ne le rassasie pas, il complète son repas avec de la soupe. Il choisit habituellement une soupe à la tomate car il s'agit de sa soupe préférée.

Pour le dîner, plusieurs options sont disponibles, en fonction de ses préférences pour le soir. Il peut manger des pâtes et des légumes cuisinés à l'huile d'olive et aux épices italiennes. Il peut également opter pour du riz et des haricots avec une sauce à l'ail et à l'oignon. Il peut aussi choisir un plat au curry thaïlandais accompagné de chou kale et de patate douce. Toutes ces options nécessitent une préparation culinaire, mais le résultat en vaut la peine.

Tout se passait très bien pour Louis jusqu'au début de la cinquième semaine. Comme la plupart d'entre nous, il occupe un emploi stressant et contraignant et il n'a donc pas toujours le temps de préparer tous ses repas. Son énergie a commencé à diminuer alors que son appétit et sa faim ont rapidement augmenté.

Le petit bol de flocons d'avoine a rapidement été remplacé par un grand bol de céréales sucrées. Et le café noir était désormais généreusement additionné de crème à café hypercalorique.

La salade du déjeuner s'est transformée en repas de fast-food, puisque Louis était toujours en retard pour les réunions. Au départ, il buvait de l'eau lors du déjeuner et de ses autres repas, mais il optait à présent pour du soda.

Et le dîner, après quelques temps, est devenu catastrophique. Louis rentrait du travail épuisé et il manquait de motivation pour cuisiner. La pizza, la crème glacée, les frites et les en-cas constituaient des options bien plus pratiques et ces aliments l'aidaient à apaiser son anxiété.

Après plusieurs semaines, il avait repris les 5 kilogrammes qu'il avait perdues et pour couronner le tout, il avait même pris 5 kilogrammes supplémentaires ! Cet échec a grandement affecté l'humeur de Louis. Il s'est engagé à suivre un régime encore plus strict et à réduire encore plus ses rations la prochaine fois.

Malheureusement, il ne réalise pas qu'une grande réduction de l'apport calorique provoque une baisse d'énergie tout aussi importante et des envies de malbouffe. Après de nombreuses tentatives, il a finalement compris qu'il était plus judicieux de commencer un régime en consommant de la nourriture saine en grande quantité avant de réduire progressivement son apport calorique.

Vocabulaire

- alimentation --- food

- régime --- diet

- perdre du poids --- to lose weight

- kilogrammes --- kilograms

- petit-déjeuner --- breakfast

- bol --- bowl

- flocons d'avoine --- oatmeal

- micro-ondes --- microwave

- lait --- milk

- une portion de --- a serving of

- fruit --- fruit

- banane --- banana

- fraise --- strawberry

- mangue --- mango

- tasse de café --- cup of coffee

- déjeuner --- lunch

- repas léger --- light meal

- salade d'épinards --- spinach salad

- carottes --- carrots

- oignons --- onions

- concombres --- cucumbers

- haricots --- beans

- croûtons --- croutons

- noix --- nuts

- sauce --- dressing

- calories --- calories

- une toute petite goutte --- a small dab

- rassasier --- to fill up

- soupe à la tomate --- tomato soup

- préférée --- favorite

- dîner --- dinner

- options --- options, choices

- le soir --- evening

- des pâtes et des légumes --- pasta and vegetable mix

- huile d'olive --- olive oil

- épices italiennes --- Italian spices

- riz et haricots --- rice and beans

- sauce à l'ail et aux oignons --- garlic and onion sauce

- plat au curry thaïlandais --- Thai curry dish

- chou kale --- kale

- patate douce --- sweet potato

- préparation culinaire --- cooking

- emploi stressant et contraignant --- stressful and demanding job

- préparer un repas --- to prepare a meal

- énergie --- energy

- appétit --- appetite

- faim --- hunger

- céréales sucrées --- sugary cereal

- café noir --- black coffee

- crème à café --- coffee creamer

- hypercalorique --- high-calorie

- repas de fast-food --- fast food meals

- pizza --- pizza

- crème glacée --- ice cream

- frites --- french fries

- en-cas --- snacks

- anxiété --- anxiety

- strict --- strict

- envies --- cravings

- malbouffe --- junk food

- nourriture saine --- healthy food

- réduire son apport calorique --- to cut down on calories

Questions de Compréhension

1. Quelle quantité de sauce Louis ajoute-t-il dans sa salade ?
    A) Pas de sauce
    B) Un grande dose
    C) Une toute petite goutte
    D) Il la recouvre de sauce

2. Quel est le repas préféré de Louis pour le dîner ?
    A) Des pâtes et des légumes cuisinés à l'huile d'olive et aux épices italiennes
    B) Du riz et des haricots avec une sauce à l'ail et à l'oignon
    C) Un plat au curry thaïlandais accompagné de chou kale et de patate douce
    D) Le repas préféré de Louis n'est pas mentionné dans l'histoire.

3. Que s'est-il passé lors de la cinquième semaine du régime de Louis ?
    A) Son énergie a commencé à augmenter alors que son appétit et sa faim ont rapidement diminué.
    B) Son énergie a commencé à diminuer alors que son appétit et sa faim ont rapidement augmenté.
    C) Son énergie est restée stable alors que son appétit et sa faim ont rapidement augmenté.
    D) Son énergie a commencé à diminuer alors que son appétit et sa faim sont restés stables.

4. La pizza, la crème glacée, les frites et les en-cas sont généralement considérés comme...
    A) des aliments sains.
    B) un petit-déjeuner équilibré.
    C) de la malbouffe.
    D) des aliments hypocaloriques.

5. Si Louis pesait 90 kilos quand il a commencé son régime, combine pèse-t-il à la fin de l'histoire ?
    A) 85 kilos
    B) 90 kilos
    C) 95 kilos
    D) 100 kilos

English Translation

Louis has been on a diet now for four weeks and has already lost five kilos. His new diet is very strict, but he follows it extremely closely.

For breakfast, he eats a small bowl of oatmeal cooked in the microwave with either water or milk. He also has a serving of fruit with his oatmeal, like a banana, strawberries, or a mango. And of course, what breakfast would be complete without a cup of coffee?

For lunch, Louis prefers to eat a light meal to maximize his weight loss, so he usually has a spinach salad. On top of his salad, he puts carrots, onions, cucumbers, beans, croutons, and nuts. Dressing tends to have a lot of calories, so he adds just a small dab. If the salad does not fill him up, he'll also eat some soup. Usually, it's tomato soup, as that is his favorite.

For dinner, there are a few options available, depending on what he wants that night. He can have a pasta and vegetable mix cooked in olive oil and Italian spices. Or he can have rice and beans topped with a garlic and onion sauce. He can also have a Thai curry dish with kale and sweet potato. All choices require some cooking, but it's worth it in the end.

All was going pretty well for Louis until the fifth week started. Like many of us, he works a stressful and demanding job, so there wasn't always enough time to prepare every meal. His energy started dropping, while his appetite and hunger started rising rapidly.

Soon, the small bowl of oatmeal for breakfast became the large bowl of sugary cereal. And the black coffee was now drowned in a high calorie coffee creamer.

The salad for lunch turned into fast food meals, since Louis was always running late for meetings. Originally, he was drinking water with this meal as well as every meal, but now it was soda.

And dinner was just hopeless after a while. Louis would come home exhausted from work and could not bring himself to cook. Pizza, ice cream, french fries, and snacks were much easier choices and helped take his mind off all the anxiety.

Several weeks later, he had regained all five kilos he had lost and even gained an additional five kilos on top of that ! The failure made Louis feel even worse. He vowed, for his next diet, that he would be even more strict and eat even less food.

Unfortunately, he doesn't realize that the massive drop in calories is causing an equally massive dip in his energy levels and cravings for junk food. It would take many attempts before he finally learned that starting his diet with lots of healthy foods and slowly cutting down calories would be the wiser move.

CHAPITRE DEUX : EXERCICE

Louis décide qu'il est grand temps de prendre davantage soin de lui-même, il prend la décision de faire de l'exercice. Cette activité lui permettra de gérer son stress, et même de perdre ses kilos superflus. Dès la semaine prochaine, il débutera un programme de jogging qui lui permettra d'aller courir cinq fois par semaine.

Le premier jour, il se lève très tôt avant le travail, il enfile ses chaussures de sport et il est impatient de commencer. Après quelques étirements simples, la séance de jogging débute et tout se passe tout à fait bien. Mais pourtant, au bout de deux minutes à peine, Louis est essoufflé. Il respire difficilement et sa respiration devient très bruyante. Et après seulement cinq minutes, il cesse de courir et commence à marcher. Il prend conscience de la situation. Il est en mauvaise condition physique.

Le temps passe. Les jours deviennent des semaines. Les semaines deviennent des mois. Louis parvient désormais à courir sans s'arrêter pendant 30 minutes consécutives. Il pense qu'il pourra courir un marathon dans un an ou deux. Il est fier de ses progrès, mais son entraînement uniquement consacré au cardio est devenu extrêmement ennuyeux. L'étape suivante consiste donc à le modifier.

Paul et Julien, les amis de Louis, lui ont proposé de soulever des poids après le travail, ils se sont donc tous retrouvés à la salle de sport et ils étaient impatients de passer du temps ensemble. Ils s'engagent à suivre un programme d'entraînement en s'exerçant cinq fois par semaine, et en musclant une zone de leur corps chaque semaine : torse, dos, épaules, jambes et bras.

Chaque jour nécessitait des efforts intenses, mais l'afflux d'endorphines qu'ils ressentaient à la fin de chaque séance d'exercice les récompensaient amplement. Pour se reposer, les hommes se détendaient en marchant sur les tapis de course ou en transpirant dans le sauna pendant 10 minutes.

Le temps passe, et Louis décide que l'haltérophilie ne lui convient pas. Paul et Julien se montrent trop compétitifs dans ce domaine, et l'intensité des entraînements commence à rendre cette activité bien plus contraignante qu'amusante. Comme des cours de yoga sont proposés par la salle de sport, Louis décide donc de s'inscrire, et il est impatient de débuter cette nouvelle activité.

Le cours permet de découvrir un grand nombre d'étirements et de postures qui sont conçus pour assouplir le corps et apaiser l'esprit. Les cours sont loin d'être faciles et ils font transpirer tous les élèves. Cette activité n'est toutefois pas aussi intense que l'haltérophilie. Et elle est beaucoup plus amusante et relaxante que le jogging. Après chaque séance, Louis se sent revigoré et il est impatient de revenir pour en apprendre davantage. Il commence même à discuter avec plusieurs jolies filles qu'il a hâte de revoir chaque semaine. Il s'agit d'un programme qui inclut un avantage supplémentaire à préserver.

Vocabulaire

- exercice --- exercise
- stress --- stress
- jogging --- jogging
- programme --- routine
- se lever très tôt --- to wake up extra early
- chaussures de sport --- tennis shoes
- étirements simples --- basic stretches
- être essoufflé --- to be out of breath
- respire difficilement --- wheezing
- respiration --- breathing
- marcher --- to walk
- être en mauvaise condition physique --- to be out of shape
- courir sans s'arrêter --- to continually run
- courir un marathon --- running a marathon
- cardio --- cardio
- soulever des poids --- to lift weights
- salle de sport --- gym
- passer du temps ensemble --- to spend some time together
- s'engager --- to commit
- programme d'entraînement --- workout program

- torse --- chest

- dos --- back

- épaules --- shoulders

- jambes --- legs

- bras --- arms

- efforts intenses --- strenuous effort

- afflux d'endorphines --- endorphin rush

- se reposer --- to cool down

- se détendre --- to relax

- tapis de course --- treadmills

- transpirant --- sweating it out

- sauna --- sauna

- haltérophilie --- weightlifting

- trop compétitifs --- too competitive

- intensité --- intensity

- cours de yoga --- yoga classes

- s'inscrire --- to sign up, to enroll

- étirements et postures --- stretches and poses

- assouplir le corps --- to loosen the body

- apaiser l'esprit --- to calm the mind

- transpirer --- to sweat

- impatient de revenir --- excited to come back

- apprendre --- to learn

- avantage supplémentaire --- extra incentive

- préserver --- to maintain

Questions de Compréhension

1. Quel type de chaussure Louis portait-il pour courir ?
    - A) Chaussures à crampons
    - B) Chaussures de sport
    - C) Talons hauts
    - D) Bottes de course

2. Pourquoi Louis-a-t-il cessé de courir ?
    - A) Il a atteint son objectif.
    - B) Il en avait assez de se lever tôt.
    - C) Il s'ennuyait énormément.
    - D) Il ne voulait pas courir un marathon.

3. Louis, Paul, et Julien se sont engagés à suivre un programme d'entraînement qui était consacré...
    - A) au torse, au dos, aux épaules, aux jambes et aux bras.
    - B) au torse, au dos, à la course, aux jambes et au cardio.
    - C) au torse, à la natation, aux épaules, à la course et aux bras.
    - D) au yoga, au cardio, au jogging, à l'haltérophilie et aux activités sportives.

4. Que font les trois amis pour se détendre après l'entraînement ?
    - A) Ils courent sur les tapis de course en écoutant de la musique.
    - B) Ils s'exercent en faisant une séance de yoga de 10 minutes.
    - C) Ils nagent dans la piscine ou ils prennent une douche chaude.
    - D) Ils marchent sur les tapis de course ou ils transpirent dans le sauna pendant 10 minutes.

5. Pourquoi Louis a-t-il cessé de soulever des poids ?
   A) Il s'ennuyait énormément.
   B) Les entraînements étaient trop intenses et trop compétitifs.
   C) Paul et Julien ont arrêté de soulever des poids.
   D) Louis s'est blessé.

English Translation

Louis decides that he should really start taking better care of himself by exercising. It will help manage his stress and even help him lose the extra weight he put on. Starting next week, he will begin a jogging routine, where he will run five days a week.

On the first day, he wakes up extra early before work and puts on his tennis shoes, eager to get started. After some basic stretches, the jogging starts, and everything seems to go well. Within two minutes, however, Louis is out of breath. He's wheezing, and his breathing becomes super heavy. And after just five minutes, the jogging is replaced by walking. He realizes the truth. He is out of shape.

As time passes, days become weeks. Weeks become months. Louis is now able to run continually for 30 minutes. Within a year or two, he could be running a marathon, he thinks. While he's proud of his improvement, doing nothing but cardio has grown extremely boring, so a change of routine is the next step.

Louis's friends Paul and Julien have invited him to come lift weights after work, so they all meet at the gym, eager to spend some time together. They decide to commit to a workout program five days a week, where they will work one body part per week: chest, back, shoulders, legs, and arms.

Each day requires strenuous effort, but the endorphin rush at the end of each workout makes it all worth it. To cool down, the men relax by walking on the treadmills or sweating it out in the sauna for 10 minutes.

Some time passes, and Louis decides that weightlifting isn't a good fit for him. Paul and Julien get too competitive with it, and the intensity of the workouts has become more painful than fun. At the gym, however, they offer yoga classes, so Louis signs up, eager to start.

The classes teach a variety of stretches and poses designed to loosen the body and calm the mind. The lessons are not easy by any means, and they make all the students sweat. Yet, it's not as intense as weightlifting. And it's much more fun and relaxing than jogging. Louis leaves each class feeling refreshed and excited to come back for more. He even starts chatting with some pretty girls whom he looks forward to seeing every week. It's a routine with an extra incentive to maintain.

CHAPITRE TROIS : PASSE-TEMPS

"Ce serait vraiment très agréable de sortir avec l'une des filles du cours," se dit Louis, "Avec un peu de chance, je vais me trouver des points communs avec elles qui me permettront d'établir le contact."

Ses passe-temps étaient plutôt communs. Comme Louis, tout le monde aime regarder la TV et des films, mais pourra-t-il trouver une fille qui aime les jeux vidéo ? Et s'il n'y parvient pas, réussira-t-il à trouver une personne qui apprécie le base-ball et le basket-ball professionnel autant que lui ? Il serait ravi de trouver quelqu'un avec qui parler de politique, d'histoire et du gouvernement.

La première fille qu'il a rencontrée grâce au cours de yoga s'appelait Laura, et elle lui a immédiatement semblé très intelligente. C'était une grande lectrice qui préférait les livres de fiction aux livres de non-fiction. Elle considérait la littérature comme sa passion et elle pouvait parler durant des heures de l'histoire qu'elle lisait. En plus de cela, elle passait beaucoup de temps à s'occuper de son chien et à l'emmener faire de longues promenades. Et de temps en temps, elle se faisait plaisir en ouvrant une bouteille de vin et en regardant des films d'horreur.

Elodie est la seconde fille qu'il a appris à connaître grâce au cours, même si elle n'avait pas toujours le temps de discuter. Elle avait toujours quelque chose à faire. Elle était visiblement athlétique et en pleine forme et par la suite, Louis a appris qu'elle était bodybuildeuse professionnelle et coach. Lorsqu'elle n'avait pas de rendez-vous avec un client, elle développait son entreprise. Elodie était très populaire sur les réseaux sociaux et elle avait créé une marque de vêtements qui proposait des T-shirts, des sweat-shirts, des chapeaux et des accessoires. Tout le monde se rendait compte qu'elle était un bourreau de travail, mais sa réussite était indéniable.

La dernière fille que Louis fréquentait s'appelait Pauline et elle était plutôt sociable. Elle avait un grand cercle social et de nombreux amis avec qui elle aimait discuter et passer du temps. Elle était visiblement extravertie. Lorsqu'elle n'envoyait pas des messages avec son téléphone, elle sortait avec ses amis pour aller boire et danser. Quand elle décidait parfois de rester chez elle, Pauline regardait des animes Japonais et jouait aux jeux vidéos.

Louis a immédiatement été attiré par Pauline, car il avait enfin rencontré une personne qui partageait son enthousiasme concernant les jeux existants et à venir. Leurs personnalités ne semblaient toutefois pas très bien s'accorder. Il n'y avait tout simplement pas d'alchimie entre eux. Ils parvenaient uniquement à parler de leur passe-temps commun.

Elodie n'avais jamais vraiment le temps de discuter, mais Laura acceptait volontiers de passer un peu de temps avec lui. Louis l'écoutait parler de tous ses livres préférés et elle l'a même persuadé de livre un livre en version audio. Laura ne s'intéressait pas beaucoup aux sports, ni à l'histoire mais elle appréciait la passion et l'énergie qui animaient Louis lorsqu'il parlait des sujets qui lui tenaient à cœur. Leur sentiment d'intérêt mutuel suffisait pour les inciter à se fréquenter.

Vocabulaire

- passe-temps --- hobbies, pastimes

- sortir avec --- to go on a date

- trouver des points communs --- find something in common

- établir un contact --- make a connection

- commun --- relatable

- regarder la TV et des films --- watching TV and movies

- jeux vidéo --- video games

- base-ball professionnel --- professional baseball

- basket-ball --- basketball

- politique --- politics

- histoire --- history

- gouvernement --- government

- immédiatement --- instantly

- grande lectrice --- big reader

- fiction --- fiction

- non-fiction --- non-fiction

- passion --- passion

- littérature --- literature

- lisait --- reading

- s'occuper d'un chien --- to take care of a dog

- longues promenades --- long walks

- se faire plaisir --- to treat oneself

- bouteille de vin --- bottle of wine

- regarder des films d'horreur --- watch horror movies

- apprendre à connaître --- to get to know

- visiblement --- obviously

- athlétique --- extremely fit

- être en pleine forme --- to be in great shape

- bodybuildeuse professionnelle --- professional bodybuilder

- coach --- coach

- rendez-vous --- appointment

- client --- client

- développer une entreprise --- building a business

- réseaux sociaux --- social networks, social media

- marque de vêtements --- clothing brand

- T-shirts --- T-shirts

- sweat-shirts --- sweat shirts

- chapeaux --- hats

- accessoires --- accessories

- bourreau de travail --- workaholic

- réussite --- successful

- sociable --- sociable

- cercle social --- social circle

- passer du temps --- to hang out

- extravertie --- extrovert

- envoyer des messages par téléphone --- texting

- boire et danser --- drinking and clubbing

- rester --- to stay

- regarder des animes Japonais --- watch Japanese anime

- jouer aux jeux vidéos --- to play video games

- s'enthousiasmer --- to nerd out

- personnalités --- personalities

- alchimie (amoureuse) --- (romantic) chemistry

- livre en version audio --- audiobook

- sports --- sports

- intérêt mutuel --- mutual interest

Questions de Compréhension

1. Si vous avez des points communs avec quelqu'un, cela signifie que...
    A) vous vous appréciez.
    B) vous êtes amoureux l'un de l'autre.
    C) vous ne vous appréciez pas.
    D) vous avez un passe-temps mutuel qui vous passionne.

2. La politique, l'histoire et le gouvernement sont généralement considérés comme des sujets de...
    A) fiction.
    B) non-fiction.
    C) littérature.
    D) toutes les réponses indiquées ci-dessus

3. En plus d'être bodybuildeuse professionnelle et coach, Elodie était également...
    A) une entrepreneure privée.
    B) une alcoolique.
    C) une professeure de yoga.
    D) une personne sociable.

4. Quelle description correspond à une personne extravertie ?
    A) Une personne bruyante et agaçante
    B) Une personne téméraire et audacieuse
    C) Une personne bavarde et sociable
    D) Une personne timide et réservée

5. Quel couple a la meilleure alchimie amoureuse à la fin de l'histoire ?
    A) Louis et Pauline
    B) Louis et Elodie
    C) Louis et Laura
    D) Louis et la professeure de yoga

English Translation

"It would be really nice to go on a date with one of those girls from class," Louis thinks to himself. "Hopefully, I can find something in common with one of them and maybe make a connection."

His hobbies were somewhat relatable. Everybody likes watching TV and movies, including Louis, but would he be able to find a girl who likes video games? If not, could he find someone into professional baseball and basketball as much as he was? It would be amazing if he had someone to talk to about politics, history, and government.

The first girl he met from yoga class was Laura, who seemed really smart right away. She was a big reader, but of fiction rather than non-fiction. Her passion was literature, and she could talk for hours about the current story she was reading. Besides that, she spent a lot of time taking care of her dog and taking him for long walks. And occasionally, she'd treat herself to a bottle of wine and watch horror movies.

Elodie was the second girl he got to know from class, although she didn't always have a lot of time to talk. There was always somewhere she needed to be. It was obvious that she was extremely fit and in great shape, and Louis later learned that she was a female bodybuilding athlete and coach. If she didn't have an appointment with a client, she was busy building her business. Elodie had a big social media following and built a clothing brand that sold T-shirts, sweat shirts, hats, and accessories. You could say she was a workaholic, but you had to admit she was very successful.

The last girl Louis spent time with was Pauline, who was a bit of a social butterfly. She had a large social circle of friends to talk to and hang out with. It was clear that she was an extrovert. If she wasn't texting, she was out with friends, drinking and clubbing. On the occasion that she did decide to stay home, Pauline would watch Japanese anime and play video games.

Louis was immediately drawn to Pauline, as he finally found someone he could nerd out with about current and upcoming games. Their personalities, however, didn't seem to match very well. The chemistry just wasn't there. They never seemed to be able to talk about anything outside of their mutual hobby.

Elodie never really had much time to talk, but Laura was more than willing to spend some time with him. Louis listened to her talk about all her favorite books and even convinced him to try reading a book via audiobooks. Laura didn't show much interest in sports or history, but she was attracted to the passion and energy Louis emitted whenever he spoke about subjects he cared about. Their mutual interest in one another was enough for them to start dating.

CHAPITRE QUATRE : EMPLOI

Alors que la vie sociale de Louis devient plus épanouissante, sa vie professionnelle prend une direction radicalement opposée. Il occupe un emploi administratif au sein d'une compagnie d'assurances, et bien que le salaire soit intéressant, la charge de travail est écrasante.

Tous les matins, il consulte ses e-mails professionnels et trouve cinquante nouvelles demandes qui doivent être traitées immédiatement. S'il n'envoie pas et ne traite pas rapidement les e-mails avant le déjeuner, il prendra du retard sur son planning et il devra très probablement faire des heures supplémentaires. La situation est extrêmement stressante, et le devient encore plus lorsque son patron surveille tous ses faits et gestes.

Le patron de Louis doit se montrer strict avec tous les employés. Une seule erreur pourrait coûter une petite fortune à la compagnie. Les employés seraient alors sévèrement punis, tout comme le patron.

Le secteur des assurances est un domaine complexe. Cette activité ne convient pas aux personnes fragiles. Les réunions, les documents et les règlements ont une importance capitale et vous ne pouvez pas vous permettre d'omettre ou d'oublier le moindre élément. Vous pourriez être renvoyé pour cela !

"Comment vais-je tenir jusqu'à la retraite ?", se demande Louis, au moins une fois par semaine. Et il doit se considérer chanceux s'il n'y pense qu'une seule fois par semaine. Le stress et l'anxiété le poussent dans ses retranchements. Il finira par s'effondrer, ce n'est qu'une question de temps.

Quelle vie aurait-il mené s'il avait opté pour un autre diplôme universitaire ? Et s'il avait étudié l'informatique ? Apprécierait-il davantage la programmation ? Et s'il avait fait davantage d'efforts lorsqu'il jouait dans l'équipe de base-ball universitaire ? Serait-il devenu un sportif de haut niveau ? Et s'il était devenu joueur professionnel lorsqu'il était au lycée afin de gagner sa vie en jouant aux jeux vidéo ? Cela lui aurait permis de réaliser l'un de ses rêves.

La vie n'a malheureusement pas pris cette tournure pour Louis. Il se sent peut-être coincé dans un travail qu'il déteste, mais au moins, il espère que la situation va évoluer. Cet optimisme semble faire défaut à grand nombre de ses collaborateurs. La dépression et l'anxiété se généralisent sur son lieu de travail, mais il peut tout de même discuter et plaisanter avec certains de ses collègues pour détendre l'atmosphère. Ces personnes l'aident à supporter le quotidien. Et cela fait toute la différence !

D'autres personnes semblent complètement anéanties par les difficultés de la vie et elles ne sont plus que l'ombre d'elles-mêmes. Louis trouve ces personnes bien plus effrayantes que tous les patrons avec qui il a pu travailler.

Mais quand cette situation évoluera-t-elle ? Comment cela se passera-t-il ? Une seule chose est sûre : la situation doit impérativement changer.

Vocabulaire

- emploi --- work, job

- vie sociale --- social life

- radicalement opposée --- polar opposite

- administratif --- administrative

- compagnie d'assurances --- insurance company

- salaire --- pay

- charge de travail --- workload

- écrasante --- overwhelming

- e-mail --- email

- demandes --- requests

- traiter --- to deal with

- envoyer --- to send

- prendre du retard --- to get caught behind

- faire des heures supplémentaires --- to work overtime

- patron --- boss

- employés --- employees

- erreur --- mistake

- une petite fortune --- a small fortune

- être sévèrement puni --- to be disciplined harshly

- réunions --- meetings

- documents --- documents

- règlements --- regulations

- importance capitale --- utmost importance

- être renvoyé --- to be fired

- tenir jusqu'à la retraite --- to make it to retirement

- pousser dans ses retranchements --- to push to his limits

- question de temps --- matter of time

- diplôme universitaire --- college degree

- informatique --- computer science

- programmation --- programming

- équipe de base-ball universitaire --- college baseball team

- haut niveau --- professional level

- joueur professionnel --- pro-gamer

- lycée --- high school

- gagner sa vie --- for a living

- réaliser un rêve --- to make a dream come true

- prendre cette tournure --- to turn out that way

- collaborateurs --- co-workers

- dépression --- depression

- lieu de travail --- workplace

- collègues --- colleagues

- plaisanter --- to crack jokes

- détendre l'atmosphère --- to lighten the mood

- supporter le quotidien --- to provide daily support

- faire toute la différence --- to make all the difference

- l'ombre d'elles-mêmes --- shells of their former selves

Questions de Compréhension

1. Que se passera-t-il si Louis n'envoie pas et ne traite pas rapidement les e-mails avant le déjeuner ?

   A) Il sera renvoyé et il devra rentrer chez lui immédiatement.

   B) Il pourra rentrer chez lui plus tôt pour jouer aux jeux vidéo sur son ordinateur.

   C) Il ne pourra pas obtenir de promotion pendant les cinq prochaines années.

   D) Il prendra du retard sur son planning et il devra très probablement faire des heures supplémentaires.

2. Qui pourrait éventuellement être puni en cas d'erreur commise au bureau ?

   A) L'employé

   B) Le patron

   C) L'employé et le patron

   D) Uniquement Louis

3. Au cours de sa vie, Louis a envisagé plusieurs carrières mais pas…

   A) d'enseigner au lycée.

   B) de devenir un joueur professionnel.

   C) de devenir joueur de baseball de haut niveau.

   D) de devenir développeur informatique.

4. Le mot "collègue" désigne…

   A) un patron.

   B) un ami.

   C) un superviseur.

   D) un collaborateur.

5. Les personnes qui sont anéanties par les difficultés de la vie sont probablement affectées par...

    A) des maux d'estomac.

    B) la dépression et l'anxiété.

    C) des rêves qui se réalisent.

    D) une atmosphère plus détendue.

English Translation

While Louis's social life was blooming, his life at work was the polar opposite. He works at an office for an insurance company, and while the pay is good, the workload is overwhelming.

Each morning, he checks his work email to find 50 new requests that have to be immediately dealt with. If he doesn't quickly dispatch and process the emails before lunch, he will get caught behind schedule and most likely have to work overtime. It's extremely stressful and more so when his boss is watching him over his shoulder.

Louis's boss has to be strict with all the employees. One mistake and it could cost the company a small fortune. Not only will the employee be disciplined harshly, but the boss will be too.

Insurance is a difficult business to work in. It is not for the weak. Meetings, documents, and regulations are all of the utmost importance, and you cannot afford to miss or forget anything. You could be fired for it!

"How am I going to make it to retirement?" Louis asks himself at least once a week. And he's lucky if this question only comes up once that week. Stress and anxiety are pushing him to his limits. It's only a matter of time before he breaks.

What would life have been like if he had chosen a different college degree? What if he went into computer science? Would he have enjoyed programming more? What if he pushed himself harder while playing for the college baseball team? Would he have made it to the professional level? What if he had made it as a pro-gamer back in high school and got to play video games for a living? It would have been a dream come true.

Life didn't turn out that way for Louis, unfortunately. He might be stuck with a job he hates, but at least he has hope things will change. Many of his co-workers seem to lack that same hope.

Depression and anxiety are common in his workplace, but there are a handful of colleagues who are fun to talk to and crack jokes with to lighten the mood. They make it just a little easier to get through each day. That makes all the difference.

There are others, though, who seem to be absolutely crushed by the harshness of life and are now just shells of their former selves. Those people scare Louis more than any boss ever has.

But when will things change? How will they change? The only thing that is certain is that something must change.

CHAPITRE CINQ :
VILLE ET MÉTROPOLE

A vant de retrouver Laura aujourd'hui pour leur rendez-vous, Louis avait quelques courses à faire pour s'assurer que tout était prêt. Pour commencer, il devait se rendre à la banque pour retirer suffisamment d'espèces pour la journée bien remplie qui s'annonçait. Sur le chemin de la banque, il s'est arrêté dans son café préféré pour récupérer la caféine dont il avait grand besoin pour bien débuter la journée.

Il devait ensuite se rendre au bureau de poste et déposer plusieurs courriers tardifs et pratiquement en retard. Après ça, il s'est rendu au centre commercial pour trouver une nouvelle tenue pour son rendez-vous. Il a examiné les articles dans deux magasins de vêtements et il a même trouvé le temps de s'offrir une nouvelle coupe de cheveux chez le barbier.

A 14:00 heures, Louis et Laura se sont retrouvés et ils étaient prêts pour une ballade en ville. Ils ont commencé par se promener dans le parc pour se tenir au courant des évènements qu'ils ont vécus pendant la semaine. Le parc abritait une grande place ou le couple a pu assister au petit concert d'un groupe de rock. Après avoir écouté quelques chansons, ils ont quitté le parc et se sont rendus dans un parc d'attractions local en voiture.

Le parc d'attractions a du être fermé à cause d'un grave accident de la route, le couple a donc décidé d'opter pour un plan de secours, et d'aller au cinéma. Pour le plus grand plaisir de Laura, un film d'horreur était diffusé cette semaine-là. Il y avait une heure d'attente avant de voir le film, ils ont donc décidé de dîner tôt dans un restaurant des environs, ce qui leur a permis de revenir au cinéma juste à temps. Le film s'est avéré plutôt banal et prévisible, mais il incluait tout de même un jump scare qui a vraiment beaucoup effrayé Louis et Laura.

Le soir venu, Louis, tout comme Laura, ne souhaitait pas rester tard en ville, mais ils ont décidé ensemble de prendre un verre dans le seul bar qui était indiqué sur leurs smartphones. Il s'agissait d'un bar à thème château médiéval et il était décoré avec des bannières, des armures et des sièges qui ressemblaient à des trônes. Ils ont repris leur conversation, qui les a amenés à commander d'autres boissons par la suite.

A présent, ils étaient tous les deux trop ivres pour pouvoir rentrer en voiture sans encombre ! Ils n'avaient pas envie d'aller danser toute la nuit et ils ont donc décidé de patienter pendant deux heures pour dégriser avant de rentrer chez eux en voiture. Appeler un taxi constituait une option vraiment très coûteuse et d'ailleurs, ils n'avaient pas longtemps à attendre. Pour passer le temps, ils ont marché le long de la promenade et ils se sont arrêtés dans une supérette pour prendre une collation rapide.

Chacun appréciait vraiment beaucoup la présence de l'autre, les heures ont donc passé plus rapidement qu'ils ne le pensaient, mais il était temps de se séparer. Le rendez-vous s'est achevé lorsque Louis et Laura ont échangé un baiser rapide et quelques sourires coquins, avant de rentrer chez eux en voiture.

Vocabulaire

- ville et métropole --- town and city

- courses --- errands

- banque --- bank

- retirer des espèces --- to withdraw cash

- café --- coffee shop

- caféine --- caffeine

- bureau de poste --- post office

- courrier --- mail

- tardif --- overdue

- centre commercial --- mall

- tenue --- outfit

- magasins de vêtements --- clothing stores

- coupe de cheveux --- haircut

- barbier --- barber shop

- se retrouver --- to meet up

- une ballade en ville --- a tour around town

- parc --- park

- évènement --- event

- grande place --- large plaza

- couple --- couple

- petit concert --- small concert

- assister --- to go to, to attend

- groupe de rock --- rock band

- chansons --- songs

- parc d'attractions --- amusement park

- accident de la route --- traffic accident

- être fermé --- to be shutdown

- plan de secours --- back-up plan

- cinéma --- movie theater

- film d'horreur --- horror movie

- une heure d'attente --- an hour-long wait

- dîner tôt --- early dinner

- des environs --- near-by

- restaurant --- restaurant

- banal --- generic

- prévisible --- predictable

- jump scare --- jump scare

- rester tard --- to stay late

- un verre --- one drink

- le seul bar --- a unique bar

- château médiéval --- medieval castle

- thème --- theme

- être décoré --- to be decorated

- bannières --- banners

- armures --- suits of armor

- sièges --- chairs

- trônes --- thrones

- conversation --- conversation

- ivre --- intoxicated

- rentrer en voiture --- to drive back home

- danser toute la nuit --- to dance the night away

- dégriser --- to sober up

- appeler un taxi --- to call a taxi

- vraiment très coûteuse --- crazy expensive

- passer le temps --- to pass the time

- promenade --- boardwalk

- supérette --- convenience store

- une collation rapide --- a quick snack

- présence --- presence

- se séparer --- to part ways

- baiser rapide --- brief kiss

- sourires coquins --- cheeky smiles

Questions de Compréhension

1. Quel terme désigne le fait d'ajouter de l'argent sur un compte bancaire ?
   A) Faire un retrait
   B) Consulter le solde
   C) Ouvrir un compte
   D) Faire un dépôt

2. Qu'a fait Louis au centre commercial ?
   A) Il a joué aux jeux vidéo dans la salle de jeux.
   B) Il a passé du temps avec ses amis et il acheté des vêtements.
   C) Il a acheté des vêtements et il s'est fait couper les cheveux.
   D) Il s'est fait couper les cheveux et il a déjeuné dans l'aire de restauration.

3. Ou Louis et Laura sont-ils allés directement après avoir quitté le parc ?
   A) Le parc d'attractions
   B) Chez eux
   C) Le cinéma
   D) Le restaurant

4. Comment le couple a-t-il trouvé le bar à thème médiéval ?
   A) Ils se sont promenés en ville pour trouver un bar.
   B) Il leur a été recommandé par un ami commun.
   C) Ils ont cherché les bars disponibles dans les environs en utilisant leurs smartphones.
   D) Ils ont vu une affiche publicitaire du bar.

5. Si vous êtes ivre, il est dangereux de...
   A) boire davantage.
   B) conduire une voiture.
   C) parler au téléphone.
   D) marcher dans les lieux publics.

English Translation

Before his big date with Laura today, Louis had a few errands to run to make sure everything was ready. First of all, a trip to the bank was needed, so he could withdraw enough cash for the busy day ahead. Along the way to the bank, he stopped by his favorite coffee shop to pick up some much needed caffeine to jump-start the day.

Next, he had to make a run to the post office and drop off some mail that was overdue and nearly late. After that, it was off to the mall to find a new outfit to wear on today's date. He perused two clothing stores and even had enough time to get himself a new haircut at the barber shop.

At 2:00 pm, Louis and Laura met up, ready to take a tour around town. They started by walking around the park, catching up on what happened with each other during the week. Inside the park was a large plaza, where the couple found a small concert by a rock band. After hearing a few songs, they left the park and drove towards a local amusement park.

Due to a large accident, the amusement park had to be shut down, so as a back-up plan, the couple decided to go to the movie theater instead. To Laura's luck, they were able to find a horror movie playing that week. It would be an hour-long wait for the movie, so they grabbed an early dinner at a nearby restaurant with just enough time to make it back to the theater. The movie turned out to be fairly generic and predictable, but there was one jumpscare that got both Louis and Laura really, really good.

As the evening came, the couple had a mutual feeling of not wanting to stay out too late in the city, but they agreed to have one drink at a unique bar they found searching on their smartphones. It had a medieval castle theme and was decorated with banners, suits of armor, and chairs that looked like thrones. The conversation picked up between the two and along with it came more drinking.

Now they were both too intoxicated to drive home safely! Not feeling up for a night of clubbing, they would wait two hours to sober up before driving home. Calling a taxi would be a crazy expensive option, and it wasn't all that much of a wait to begin with. To pass the time, they walked along the boardwalk and stopped by the convenience store for a quick snack.

Louis and Laura thoroughly enjoyed each other's presence, so the hours passed quicker than expected, but it was time to part ways. A brief kiss was shared, along with a couple of cheeky smiles, and that was it before they both drove home.

CHAPITRE SIX :
RESTER À LA MAISON

C'était un Dimanche après-midi. Louis n'avait aucun projet particulier, il s'est donc autorisé à faire la grasse matinée pour rattraper le sommeil dont il avait été privé pendant la semaine. Cependant, il n'avait pas prévu de se reposer toute la journée car il avait plusieurs tâches ménagères à effectuer.

Il devait notamment s'occuper de ses factures impayées et cette tâche était probablement la plus importante de toutes. Après tout, les logements ne sont pas gratuits. Le loyer, l'électricité, l'eau, internet, les prêts étudiants et les forfaits téléphoniques occasionnent des frais. Toutefois, grâce à la technologie, il est désormais possible de régler ces dépenses en ligne sans quitter son domicile.

Ensuite, le linge sale s'était accumulé pendant la semaine et plusieurs lessives devront être effectuées pour la semaine à venir. Il n'avait jamais pris le temps de trier son linge pour séparer les blancs, les noirs et les couleurs. Il se contentait simplement de charger sa machine à laver au maximum, d'y verser de la lessive et de l'assouplissant avant de le mettre en marche.

Alors qu'il attendait la fin des cycles de lavages, il décida de rester productif en faisant la vaisselle, et en passant l'aspirateur. La maison de Louis était loin d'être impeccable, mais il faisait un peu de ménage chaque semaine pour préserver le fruit de ses efforts. Cette semaine-là, il avait décidé d'effectuer des tâches supplémentaires dans la cuisine. Il nettoya le réfrigérateur en jetant les produits périmés. Il récura également le plan de travail en utilisant du désinfectant, et il les nettoya le tout avec une brosse, pour faire tomber toutes les miettes de nourriture sur le sol. Et il termina sa séance de nettoyage en balayant le sol avec son balai et sa pelle à poussière. Il décida qu'il pouvait encore attendre une semaine avant de passer la serpillière.

Louis avait plutôt envie de passer le rester de sa journée à jouer à des jeux vidéo sur son ordinateur. Il appréciait beaucoup les jeux de stratégie et il pouvait passer des heures à élaborer de nouvelles stratégies pour se mesurer à ses amis en ligne ou même en jouant à des jeux pour joueur unique. Quand il avait besoin de faire une pause, il se levait de temps à autre pour s'étirer rapidement, jeter un coup d'œil par la fenêtre et réchauffer de la nourriture au micro-ondes avant de se rassoir pour continuer à jouer.

Après avoir passé beaucoup trop de temps devant les jeux vidéo, Louis devait généralement gérer une petite crise existentielle. Était-il vraiment judicieux de passer autant de temps à jouer alors qu'il pouvait consacrer son temps à des activités plus utiles ? Bien sûr, il pouvait regarder des vidéos en ligne, mais cette activité serait-elle vraiment différente ? Il a donc décidé d'aller chercher les écouteurs qui étaient dans sa chambre à coucher, et il a commencé à écouter certains des livres audio que Laura lui avait recommandés.

L'écoute du livre audio lui donna immédiatement l'impression d'utiliser son temps à bon escient, et cette activité lui donna également l'occasion de s'adonner à l'introspection. Tout en écoutant le récit, il déambulait dans sa maison. Il ouvrait et fermait les portes de ses placards sans raison particulière. Il posa sa main sur le canapé, et la laissa glisser sur la surface du meuble tout en traversant la pièce. Il n'avait pas de table de salle à manger pour répéter ce mouvement, car il vivait seul et s'installait généralement dans la cuisine ou sur le balcon pour manger.

Avant même qu'il ne s'en rende compte, il était 22:00 heures et il était temps d'aller dormir. Le livre audio n'était pas terminé, mais cela lui donnait certainement quelque chose de nouveau à raconter lors de la réunion de famille qui était prévue pour le week-end suivant. Il pourrait y aller avec Laura et la présenter comme la personne qui lui a recommandé le livre.

Vocabulaire

- rester à la maison --- to stay at home

- Dimanche après-midi --- Sunday afternoon

- faire la grasse matinée --- to sleep in

- rattraper le sommeil --- to catch up on sleep

- tâches ménagères --- household chores

- factures impayées --- unpaid bills

- les logements --- housing

- loyer --- rent

- électricité --- electricity

- internet --- internet

- prêts étudiants --- student loans

- forfaits téléphoniques --- phone plans

- occasionner des frais --- to have a payment due

- technologie --- technology

- régler en ligne --- to pay online

- quitter son domicile --- to leave the house

- linge sale --- laundry

- s'accumuler --- to pile up

- trier --- to sort

- charger --- to throw in

- verser --- to pour in

- lessive --- laundry detergent

- assouplissant --- fabric softener

- mettre en marche --- to start, to turn on

- machine à laver --- laundry machine

- productif --- productive

- faire la vaisselle --- to do the dishes

- passer l'aspirateur --- to vacuum

- impeccable --- spotless

- tâches supplémentaires --- extra work

- cuisine --- kitchen

- nettoyer le réfrigérateur --- to clean out the fridge

- jeter --- to throw away

- produits périmés --- expired products

- récurer le plan de travail --- to scrub the counter

- désinfectant --- disinfectant

- nettoyer avec une brosse --- to brush off

- miettes de nourriture --- food crumbs

- sol --- floor

- balayer le sol --- to sweep the floor

- balai et pelle à poussière --- broom and dustpan

- passer la serpillière --- to mop the floor

- le reste de la journée --- the rest of the day

- ordinateur --- computer

- jeux de stratégie --- strategy games

- jeux pour joueur unique --- single player games

- s'étirer rapidement --- a quick stretch

- jeter un coup d'œil par la fenêtre --- peer out the windows

- réchauffer --- to heat up

- crise existentielle --- existential crisis

- judicieux --- wise

- utile --- useful

- vidéos --- videos

- regarder en ligne --- to watch online

- écouteurs --- headphones

- chambre à coucher --- bedroom

- utiliser son temps à bon escient --- to use one's time wisely

- donner l'occasion --- to open up the opportunity

- introspection --- self-reflection

- déambuler --- to wander around

- portes de placard --- closet doors

- particulière --- particular

- canapé --- couch

- glisser sur --- glide over

- traverser --- to cross

- table de salle à manger --- dining room table

- vivre seul --- to live by oneself

- balcon --- balcony

- l'heure d'aller dormir --- time for bed

- certainement --- certainly

- réunion de famille --- family gathering

- présenter --- to introduce

Questions de Compréhension

1. Si une personne a du sommeil à rattraper, cela signifie...
   A) qu'elle a dormi trop longtemps.
   B) qu'elle n'a pas assez dormi.
   C) qu'elle aime dormir.
   D) qu'elle a du mal à s'endormir.

2. Lequel de ces éléments n'est pas classé dans la catégorie des dépenses domestiques ?
   A) Prêt étudiant
   B) Eau
   C) Electricité
   D) Internet

3. Lorsqu'il a nettoyé sa cuisine, Louis n'a pas...
   A) récuré le plan de travail avec du désinfectant.
   B) jeté les aliments périmés.
   C) passé la serpillière sur le sol.
   D) balayé le sol avec son balai et sa pelle à poussière.

4. En règle générale, quel appareil permet de cuisiner le plus rapidement possible ?
   A) La cuisinière
   B) Le micro-ondes
   C) Le four
   D) Le grille-pain

5. Où Louis a-t-il trouvé ses écouteurs ?
   A) Dans sa chambre à coucher
   B) Dans son placard
   C) Dans la machine à laver
   D) Dans le salon

English Translation

It was a Sunday afternoon. Louis had no particular plans, so he slept in and allowed himself to catch up on sleep he had missed during the week. It would not be a completely lazy day though, for he had a number of household chores to do.

Perhaps most important of all were the unpaid bills that needed to be taken care of. Housing isn't free, after all. Rent, electricity, water, internet, student loans, and phone plans all have payments due. Thanks to technology, however, all of these can be paid online without leaving the house.

Next, the laundry had piled up over the week, and a few loads would be necessary for the upcoming week. He never bothered to sort his laundry into whites, darks, and colors; instead, he would just throw as much as he could in each load, pour in some laundry detergent and fabric softener, and run the laundry machine.

While he waited for each load to finish, he figured he would stay productive by doing the dishes and vacuuming the house. Louis's house was by no means spotless, but he did just a little bit each week to maintain what he could. This week, he would do some extra work in the kitchen. He cleaned out the fridge by throwing away expired foods. He also scrubbed the counters with disinfectant and brushed off all food crumbs to the floor. And he finished by sweeping the floor with his broom and dustpan. Mopping could wait another week, he thought.

Louis was more interested in spending the rest of his day at the computer playing video games. He was a fan of strategy games and could spend hours coming up with new strategies to try out against his friends online and even in single player games. When he needed a break, he would occasionally get up for a quick stretch, peer out the windows, heat up some food in the microwave, and sit back down for more gaming.

After spending too many hours in front of the computer, a small existential crisis would occur. Was it really all that wise to spend so much time gaming when it could be used for something more meaningful? Sure, there were videos he could watch online, but would that be any different? And so, he picked up the headphones in his bedroom and started to listen to some of the audiobook recommended to him by Laura.

Listening to the book instantly felt like the right use of his time and even opened up the opportunity for some self-reflection. As he kept listening, he wandered around his house. He opened and closed his closet doors for no particular reason. He put his hand on the couch and let it glide over as he walked across. There was no dining room table to repeat this action, as he lived by himself and usually ate in the kitchen or out on the balcony.

Before he knew it, it was 10:00 pm. It was time for bed. While he didn't finish the audiobook, he certainly had something new to talk about next weekend when he would go to the family gathering. He could even bring Laura and introduce her as the one who introduced him to the book.

CHAPITRE SEPT :
FAMILLE ET PROFESSIONS

Laura accepta volontiers d'accompagner Louis et de participer à sa réunion de famille le weekend suivant. Ils étaient désormais officiellement en couple et ce serait l'occasion idéale pour la présenter à sa mère, son père et ses frères.

L'oncle de Louis, qui s'appelait David, participait également à la réunion familiale. David exerçait la profession d'ingénieur en mécanique et il travaillait avec tout type de machines, notamment les turbines à gaz et à vapeur et les générateurs électriques. C'était un homme extrêmement intelligent qui avait conseillé Louis quand il était plus jeune.

Tout en discutant avec son oncle, il remarqua que ses deux cousins Enzo et Sophie se trouvaient en arrière-plan. Lorsqu'ils étaient petits, ils avaient l'habitude de passer beaucoup de temps ensemble tous les trois et ils avaient partagé de nombreux souvenirs d'enfance. Ils s'étaient malheureusement éloignés en grandissant et ils avaient perdu le contact lorsqu'ils étaient entrés dans la vie active. Enzo avait fini par gravir les échelons pour occuper un poste de responsable au sein d'un commerce de détail. Et Sophie était coiffeuse à temps partiel mais maman à plein temps.

Laura semblait visiblement dépassée parmi tous ces nouveaux visages, mais elle a quand même eu l'occasion de faire plus ample connaissance avec au moins une personne lors de cet évènement. Il s'agissait de Marie, la belle-sœur de Louis. Elles se sont parfaitement entendues dés le départ, et elles ont immédiatement établi de bons rapports. Laura était journaliste de profession et Marie était rédactrice pour une émission télévisée, qui était produite par la société de médias qui les employait toutes les deux. Elles s'étaient déjà croisées au bureau, mais c'était la première fois qu'elles prenaient le temps de discuter.

Finalement, les invités étaient bien trop nombreux pour que Laura fasse la connaissance de tout le monde, et même pour que Louis puisse prendre des nouvelles de chacun d'entre eux. Ils ont rapidement dit bonjour à sa grand-mère et ses tantes, mais ils n'ont pas eu l'occasion de saluer ses nièces et ses neveux. Tous les enfants étaient occupés à s'amuser ensemble dans l'arrière-cour.

La famille a réussi à prendre une photo de groupe avec Laura, après lui avoir proposé de poser avec eux. Chaque année, le père de Louis avait pour mission de créer la plus belle des photos de famille. Il était logique de lui confier cette tâche car il était photographe professionnel.

Le soleil commençait à se coucher et la journée touchait à sa fin. Alors que tout le monde partait, Louis a eu à nouveau l'occasion de discuter avec son oncle David. Il lui a confié ses inquiétudes concernant le surmenage qu'il subissait à son poste actuel au sein de la compagnie d'assurances, et il lui a également dit qu'il réfléchissait aux éventuelles voies qu'il pourrait suivre. Oncle David lui a conseillé de commencer à suivre des cours dès que possible, même s'il n'avait pas encore choisi l'emploi qu'il souhaiter exercer à l'avenir.

Vocabulaire

- Famille et professions --- family and occupations

- accompagner --- to accompany

- participer --- to take part, to participate

- officiellement --- officially

- être l'occasion idéale pour --- to be a good time to

- mère --- mother

- père --- father

- frères --- brothers

- oncle --- uncle

- ingénieur en mécanique --- mechanical engineer

- machines --- machines

- turbines à gaz et à vapeur --- gas and steam turbines

- générateurs électriques --- electric generators

- extrêmement intelligent --- extremely intelligent

- cousins --- cousins

- arrière-plan --- background

- souvenirs d'enfance --- childhood memories

- s'éloigner --- to grow apart

- grandir --- to get older

- perdre le contact --- to lose contact

- la vie active --- the workforce

- poste de responsable --- management position

- commerce de détail --- retail store

- temps partiel --- part-time

- coiffeuse --- hairdresser

- plein temps --- full-time

- maman --- mom

- dépassér --- to overwhelm, to exceed

- nouveaux visages --- new faces

- belle-sœur --- sister-in-law

- établir des rapports --- to establish rapport

- journaliste --- journalist

- de profession --- by trade

- rédactrice --- writer

- émission télévisée --- TV show

- être produite par --- to be produced by

- société de médias --- media company

- grand-mère --- grandmother

- tantes --- aunts

- saluer --- to greet

- nièces --- nieces

- neveux --- nephews

- enfants --- kids

- s'amuser ensemble --- to have fun together

- arrière-cour --- backyard

- photo de groupe --- group photo

- photos de famille --- family photos

- photographe --- photographer

- surmenage --- overwork

- éventuelles voies --- possible paths

- conseiller --- to advise

- suivre des cours --- to take courses

- dès que possible --- as soon as possible

Questions de Compréhension

1. Quelle est la profession de l'oncle de Louis ?
    A) Ingénieur en électricité
    B) Ingénieur civil
    C) Ingénieur chimiste
    D) Ingénieur en mécanique

2. Les parents d'Enzo et de Sophie sont... de Louis.
    A) le grand-père et la grand-mère
    B) le père et la mère
    C) l'oncle et la tante
    D) le frère et la sœur

3. Qui la belle-sœur de Louis a-t-elle épousé ?
    A) Son frère
    B) Son père
    C) Son cousin
    D) Son patron

4. Où les enfants jouaient-ils pendant la réunion de famille ?
    A) À l'école
    B) Dans la maison
    C) Dans l'arrière-cour
    D) Dans la salle de jeux

5. Une personne hautement qualifiée pour un poste appartient à la catégorie...
    A) des amateurs.
    B) de la main-d'œuvre.
    C) des employés.
    D) des professionnels.

English Translation

Laura happily agreed to accompany Louis on his visit to his family gathering the following weekend. They were now officially a couple, and it would be a good time to introduce her to his mother, father, and brothers.

Also at the get-together was Louis's uncle, named David. David was a mechanical engineer, who worked on all kinds of machines, including steam and gas turbines and electric generators. He was an extremely intelligent man, who helped guide Louis in his younger years.

While chatting with his uncle, he noticed his two cousins Enzo and Sophie in the background. The three of them hung out quite frequently as kids and shared a lot of childhood memories. They grew apart as they got older, unfortunately, and lost contact with one another as they entered the workforce. Enzo ended up working his way up to a management position at a retail store. And Sophie was a part-time hairdresser but a full-time mom.

Laura was obviously overwhelmed by all the new faces, but she was able to get to know at least one person at the event. This person was Louis's sister-in-law Marie. From the very get-go, the two hit it off and established an instant rapport. Laura was a journalist by trade, and Marie was a writer for a TV show that was produced by the same media company they both worked for. While they had seen each other around the office, they had never met until now.

In the end, there were just too many people for Laura to meet and even for Louis to catch up with. They briefly said hello to his grandmother and aunts, but they never got the chance to greet his nieces and nephews. All the kids were busy playing together in the backyard.

The family was able to take a group photo, which included Laura, who was invited to join in. Every year, it's Louis's dad who is given the task to create the best family photo possible. Leaving the task to him makes sense, given that he's a professional photographer.

The sun started going down, and the day was growing late. As everyone was leaving, Louis had another opportunity to speak with his Uncle David. He voiced his concerns about burning out at his current job at the insurance company and was considering a few possible paths he could take. Uncle David advised him that, even though he's not sure where he wants to work in the future, he should definitely start taking classes as soon as possible. Waiting to start was the worst thing he could possibly do.

CHAPITRE HUIT : EDUCATION

Avec un emploi à temps plein et une petite amie, l'emploi du temps de Louis était plutôt chargé. Mais pour accéder à un avenir meilleur, il s'était inscrit à l'université locale pour suivre un programme de cycle supérieur consacré à l'économie. Louis avait déjà suivi un programme de premier cycle et il avait obtenu une licence en philosophe, cependant ce choix n'était pas le plus approprié pour chercher un emploi et débuter une carrière, comme la plupart des diplômes de sciences humaines.

La situation serait différente cette fois-ci. L'expérience et la sagesse qu'il avait acquises devraient lui permettre de poursuivre ses études en profitant pleinement de cette opportunité. Le programme de cycle supérieur consacré à l'économie s'annonçait comme un défi redoutable, mais s'il parvenait à le relever, ses efforts seraient amplement récompensés. Les cours qu'il avait suivi au collège communautaire constituaient une sinécure en comparaison de ce programme. Ce cursus nécessitera de nombreuses révisions et une grande persévérance.

Les manuels s'avèreront souvent beaucoup plus utiles que les cours eux-mêmes. Certains des professeurs avec qui il avait discuté tenaient des discours tellement interminables qu'il s'avérait extrêmement difficile de rester concentré pendant les cours. Il pouvait passer la moitié du temps à lire les chapitres du manuel pour obtenir deux fois plus d'informations qu'en assistant à un cours dans l'amphithéâtre. Les assistants du professeur s'avéraient toutefois plus utiles, car ils parvenaient à expliquer des concepts complexes en utilisant un langage très simple.

Pour mémoriser parfaitement les informations, les étudiants devaient fournir un travail sérieux en dehors des cours. Les groupes de travail qui étaient organisés par les étudiants ont aidé Louis à préserver sa motivation et sa volonté de bien travailler en classe. Au sein de ces groupes, les étudiants partageaient les notes qu'ils prenaient en classe et ils révisaient les informations qui feraient probablement l'objet d'un examen, selon eux. Ils ne restaient toutefois pas sérieux en permanence, car les bavardages étaient encouragés au cours de leurs fréquentes pauses afin d'évacuer le stress et la frustration qu'ils avaient accumulés.

Les examens de première année approchaient et l'anxiété était palpable dans la salle de classe pendant les derniers cours. L'épreuve inclurait uniquement des questions à développement, et il ne comporterait aucune question à choix multiples.

Le bachotage ne serait d'aucune utilité pour cette épreuve. Il était indispensable d'avoir bien mémorisé les informations requises pour obtenir une bonne note. Louis et tous ses camarades de classe payaient des frais de scolarité très élevés, mais ils ne pourraient pas tous réussir l'épreuve. Les élèves qui obtiendraient les meilleures notes étaient ceux qui avaient assisté aux cours, qui avaient participé aux groupes de travail, et qui avaient lu de manière intensive.

Cela ressemblait beaucoup à l'apprentissage d'une langue étrangère. Les élèves les plus doués sont ceux qui s'immergent totalement dans la langue concernée. Ils lisent autant de textes en langue cible qu'ils le peuvent et lorsqu'ils n'en ont pas l'occasion, ils passent tout leur temps libre à écouter la langue cible. Cette immersion passe avant leurs anciens passe-temps et leurs modes de vie. Cette méthode leur permet d'atteindre une maîtrise parfaite de la langue concernée.

L'important n'est pas de savoir si Louis a réussi l'épreuve finale. L'essentiel est de savoir si vous prendrez les mesures nécessaires pour maîtriser parfaitement la langue que vous étudiez.

Étudiez bien ! Et merci de votre attention !

Vocabulaire

- education --- education
- petite amie --- girlfriend
- programme de cycle supérieur --- graduate program
- économie --- economics
- université --- university
- programme de premier cycle --- undergraduate program
- licence --- bachelor's degree
- philosophie --- philosophy
- diplômes de sciences humaines --- liberal arts degrees
- chercher un emploi --- seeking employment
- débuter une carrière --- starting a career
- expérience ---experience
- sagesse --- wisdom
- poursuivre ses études --- to further one's education
- défi redoutable --- formidable challenge
- collège communautaire --- community college
- sinécure --- cakewalk
- de nombreuses révisions --- intense study
- persévérance --- perseverance
- manuels --- textbooks

- professeurs --- professors

- discours interminables --- long-winded delivery

- rester concentré --- to maintain focus

- lire les chapitres --- to read chapters

- amphithéâtre --- lecture hall

- assistants du professeur --- teacher assistants

- concepts complexes --- complex concepts

- langage simple --- basic language

- mémoriser les informations --- to make information stick

- travail sérieux --- serious work

- groupes de travail --- study groups

- motivation et volonté --- motivation and drive

- classe --- course

- notes --- notes

- réviser les informations --- to review information

- examen --- exam

- bavardages --- chit-chat

- évacuer --- to vent

- frustration --- frustration

- accumulé --- built-up

- salle de classe --- classroom

- épreuve --- test
- questions à développement --- essay questions
- choix multiples --- multiple choice
- bachotage --- cramming
- bonne note --- good grade
- frais de scolarité --- tuition fees
- élevé --- high, hefty
- élèves --- students
- réussir l'épreuve --- to pass the test
- lire de manière intensive --- to read extensively
- meilleures notes --- best grades
- langue étrangère --- foreign language
- temps libre --- free time
- s'immerger --- to immerse
- passer avant --- to take precedence
- modes de vie --- lifestyles
- atteindre --- to achieve
- maîtrise --- fluency
- épreuve finale --- final exam
- étudier --- to study

Questions de Compréhension

1. Où Louis suit-il des cours d'économie ?

    A) Chez lui, via un programme en ligne

    B) A l'université locale

    C) Dans un collège communautaire

    D) Chez lui, avec un professeur particulier

2. L'expression "défi redoutable" indique que le défi est...

    A) facile à relever.

    B) impossible à relever.

    C) intimidant.

    D) réalisable.

3. Quel était le problème lié au cours ?

    A) Les cours avaient lieu tard le soir.

    B) Les amis de Louis bavardaient pendant les cours.

    C) Les explications du professeur étaient trop compliquées.

    D) Le professeur n'aimait pas les étudiants.

4. Qui organisait les groupes de travail ?

    A) Les étudiants

    B) Les assistants du professeur

    C) Louis

    D) Le professeur

5. L'examen final incluait...

    A) uniquement des questions à choix multiples.

    B) un mélange de questions à choix multiples et de questions à développement.

    C) un mélange de bachotage et de frais de scolarité élevés.

    D) uniquement des questions à développement.

English Translation

With a full-time job and a girlfriend, Louis's schedule was pretty tightly packed. But for the sake of a better future, he enrolled in a graduate program for economics at his local university. Louis had already completed an undergraduate program and graduated with a bachelor's degree in philosophy, yet like most liberal arts degrees, it was not the greatest choice for seeking employment and starting a career.

This time would be different. With much more experience and wisdom, this opportunity to further his education would not go wasted. A graduate program in economics was going to be a formidable challenge, but if he succeeded, the rewards would be great. The classes he took at community college would be a cakewalk compared to this. Intense study and perseverance would be required.

The textbooks would often prove to be much more useful than the lectures. Some of the professors he had talked with such long-winded delivery that it was incredibly difficult to maintain focus in class. He could spend half the time reading chapters from the book and come away with double the information he got in the lecture hall. The teacher assistants, however, were most helpful, as they could explain complex concepts using very basic language.

To make the information stick, serious work was needed to be done outside the classroom. Study groups organized by students were instrumental in providing Louis the motivation and drive required to do well in the course. In the groups, students shared the notes they took in class and reviewed the information they thought would appear on the exams. Not all this time was serious though, as there were multiple breaks where chit-chat was encouraged as a means to vent built-up stress and frustration.

Finals for the first year were approaching, and anxiety filled the classroom during the last few lectures. On the test would be essay questions only; there would be no multiple choice. Cramming wasn't going to get you anywhere on this test. You had to know the information in order to get a good grade. Louis and all his classmates paid hefty tuition fees, but not all would pass the test. It would be those who attended the lectures, participated in the study groups, and read extensively that would pass with high marks.

It was very much like learning a foreign language. Those who do the best are those who immerse themselves in the foreign language. They read as much as possible in the target language, and when they can no longer read, they spend all their free time listening to the target language. Immersion takes precedence over their old hobbies and lifestyles. That's how they achieve high levels of fluency.

The question is not whether or not Louis passed the final exam. The true question is whether or not you will do what it takes in order to achieve fluency.

Happy studying! And thank you for reading!

DID YOU ENJOY THE READ?

Thank you so much for taking the time to read our book! We hope you have enjoyed it and learned tons of vocabulary in the process.

If you would like to support our work, please consider writing a customer review on Amazon. It would mean the world to us!

We read each and every single review posted, and we use all the feedback we receive to write even better books.

ANSWER KEY

Chapter 1:
    1) C
    2) D
    3) B
    4) C
    5) C

Chapter 2:
    1) B
    2) C
    3) A
    4) D
    5) B

Chapter 3:
    1) D
    2) B
    3) A
    4) C
    5) C

Chapter 4:
    1) D
    2) C
    3) A
    4) D
    5) B

Chapter 5:
1) D
2) C
3) A
4) C
5) B

Chapter 6:
1) B
2) A
3) C
4) B
5) A

Chapter 7:
1) D
2) C
3) A
4) C
5) D

Chapter 8:
1) B
2) C
3) C
4) A
5) D

Printed by Amazon Italia Logistica S.r.l.
Torrazza Piemonte (TO), Italy

55528229R00050